AF585786

BIBLIOTHÈQUE ROYALE

UN TESTAMENT DE DRAGON,

OU

UNE AVENTURE DE PIGAULT-LEBRUN,

VAUDEVILLE-ANECDOTIQUE, EN UN ACTE *,

PAR

MM. LEFEBVRE ET SAINT-AMAND ;

Représenté pour la première fois, à Paris, sur le théâtre de l'Ambigu-Comique, le 12 août 1838 ;

DISTRIBUTION DE LA PIÈCE :

Personnages	Acteurs
ARTHUR (PIGAULT), sous-lieutenant de dragons.	M. ARMAND.
DEROY, lieutenant........................	M. ANATOLE GRAS.
MORTEMART, } lieutenants et sous-lieutenants du même corps.	M. BARBIER.
GASTON, }	M. D'HAUSSY.
VALMONT, }	M. ALFRED.
PÈRE MARTIN, aubergiste du Grand-Canard....	M. GILBERT.
BENOIT, garçon d'auberge..................	M. CHARLES PÉREY.
BRIGITTE, fille d'auberge..................	Mme E. DUPUIS.
UN NOTAIRE............................	M. FERDINAND.

La scène se passe à l'auberge du Grand-Canard, à Lunéville.

Le théâtre représente une salle réservée aux officiers. — Lit au fond, à gauche ; entrée à gauche, au second plan ; petite fenêtre au fond à droite ; porte du billard au premier plan, à droite : à cette porte une petite lampe d'estaminet ; une porte donnant dans l'intérieur de la maison, au second plan à droite ; table à gauche ; à droite, un guéridon ; un grand fauteuil près du lit ; une armoire à buffet, au premier plan à droite.

SCÈNE I.

(Au lever du rideau, Arthur est assis à la table de gauche, écrivant **.)

ARTHUR.

A merveille... je tiens mon intrigue.... Des situations comiques... des détails amusants... et un titre... Ah ! quel titre !... *Les Dragons et les Bénédictines*... Je suis bien sûr de peindre mes personnages d'après nature... Les dragons surtout... Je n'irai pas loin pour trouver des originaux... sans sortir du régiment, j'en ai là une galerie !... et quant aux bénédictines.... je me rappellerai certaines relations de bon voisinage... de notre dernière garnison..... Allons, Pigault, à l'œuvre....

SCÈNE II.

BRIGITTE, ARTHUR.

BRIGITTE, apportant sur un plateau un flacon d'eau-de-vie.

Voilà de quoi vous donner des idées, monsieur Arthur.

ARTHUR.

Des idées... c'est bien plutôt toi qui m'en donnerais, petite... et tiens, j'en ai une charmante en ce moment...

* L'aventure qui fait le sujet de ce vaudeville a été empruntée à un article publié il y a quelque temps ; bien qu'elle ne puisse faire aucun tort à la réputation bien connue de probité et de délicatesse du célèbre romancier, nous qui avons vécu dans l'intimité de Pigault-Lebrun, nous affirmons qu'il ne lui est jamais rien arrivé de semblable. Les auteurs, du reste, ont eu soin d'ôter à la conduite du héros de leur ouvrage tout caractère de fourberie et de mauvaise foi.

J. N. BARBA.

** Toutes les indications sont prises de la droite et de la gauche de l'acteur. La position des acteurs à chaque scène est indiquée par des renvois.

(10)

BRIGITTE.

En vérité?

ARTHUR.

Écoute...

BRIGITTE.

C'est donc une confidence?

ARTHUR.

Oui.

BRIGITTE.

Quel bonheur!

ARTHUR.

Approche donc....

(Elle s'avance pour écouter, il l'embrasse.)

BRIGITTE.

Ah!... vous appelez ça une confidence!

ARTHUR.

Sans doute.... et on doit s'attendre à en recevoir souvent de pareilles, quand on est, comme toi, jeune et gentille...

BRIGITTE.

Gentille!

ARTHUR.

Tu le sais bien, méchante!

(Il se lève.)

BRIGITTE.

Du tout, du tout, monsieur, je ne sais rien.... je ne veux rien savoir....

ARTHUR, lui prenant la taille.

AIR : Est-il un supplice égal.

Allons, rien qu'un baiser;
Peux-tu le refuser?...

BRIGITTE.

Mais vous v'nez de le prendre.

ARTHUR.

C'est vrai... comme un voleur;
Mais, en homme d'honneur,
Moi je veux te le rendre.

BRIGITTE.

Non pas, vraiment...
Gardez-le maintenant.
Si je vous laissais faire,
J' paierais, oui-dà,
De cette façon là,
Tous les frais de la guerre.

ENSEMBLE.

ARTHUR.

Allons, rien qu'un baiser;
Peux-tu le refuser?...
Celui que j'ai su prendre
Ne peut flatter mon cœur;
Ainsi, sur mon honneur,
J'aime mieux te le rendre.

BRIGITTE.

Non, non, point de baiser;
Je dois le refuser.
C'lui qu' vous venez de prendre,
J' vous l' donne de bon cœur,
Et dois, sur mon honneur,
Vous dispenser d' me l' rendre.

(Elle se sauve.)

ARTHUR, se rasseyant.

Elle est vraiment charmante, cette petite... et, ma foi!.. hum!.. je ne répondrais de rien...

SCÈNE III.

DEROY, GASTON, ARTHUR, puis BENOIT.

DEROY, entrant.

Voyez un peu... quand je disais que nous le trouverions encore à griffonner.... Bonjour, écrivassier....

ARTHUR, préoccupé.

Bonjour, bonjour...

DEROY.

Benoit..... avance à l'ordre....

BENOÎT, entrant de droite *.

Voilà... voilà, dragon....

DEROY, lui donnant sabre et casque.

Tiens....

BENOÎT.

Connu... connu!... La latte au râtelier.... le *casse* au champignon...

GASTON.

Allons, prends...

(Il remet à Benoit son casque et son sabre.)

BENOÎT, un sabre sous chaque bras, et un casque à chaque main.

Je dois avoir l'air d'une boutique d'armurier...

(Il sort par le billard.)

DEROY, à Arthur.

Allons donc, laisse là tes paperasses... ce n'est pas comme ça que tu gagneras tes épaulettes de capitaine.... ici, morbleu! c'est un verre et non pas une plume que je veux te voir à la main....

ARTHUR, buvant.

L'un n'empêche pas l'autre..

SCÈNE IV.

LES MÊMES; MORTEMART, une queue de billard à la main; VALMONT, MARTIN, BENOIT.

MORTEMART.

Enfin vous voilà arrivés... on vous attend depuis une heure.... Martin! Benoit!... allons! de la bierre au billard....

(Martin et Benoit entrent **.)

MARTIN.

Qu'est-ce qu'il vous faut, messieurs?

MORTEMART.

De la bierre.... et un peu vite...

MARTIN.

A l'instant..... Benoit, servez...

BENOÎT.

Tout de suite, not' maître....

* Deroy, Benoit, Gaston; Arthur, assis.

** Martin, Deroy, Gaston; Arthur, assis; Mortemart, Valmont, sur le second plan.

DEROY, bourrant sa pipe et présentant Gaston.

Une nouvelle pratique que je vous présente, père Martin, ou plutôt grand canard, car c'est là votre honorable sobriquet.

MARTIN.

Je le dois à mes salmis, et j'y mets ma gloire.

DEROY.

Ah çà! vous me ferez bientôt une remise pour tous les consommateurs que je vous amène.

ARTHUR.

Vous lui devez bien ça...

MARTIN.

On verra, mes lieutenants, on verra...

DEROY.

On verra.... vieux dur à cuire.... il n'oserait pas promettre... et toujours pas de crédit?...

MARTIN.

Oh! moins que jamais... et... pour ma part, je défie bien le consommateur le plus rusé de sortir d'ici en me devant ça...

BENOÎT, sortant de la cuisine avec deux bouteilles.

La bierre demandée... voilà...

MORTEMART.

Une poule, messieurs, une poule!

TOUS.

Une poule!...

ARTHUR.

Et un bol de punch pour l'arroser.

BENOÎT, ressortant du billard.

Un bol de punch?... voilà...

CHOEUR.

AIR : Idée du mari.

Mes amis, sans retard,
Allons vite au billard;
A ce jeu le plaisir nous convie:
Intrépide joueur,
De gagner la partie
Que chacun se dispute l'honneur.

(Tous entrent au billard.)

SCÈNE V.

LES MÊMES, qui sortent et rentrent alternativement.

DEROY.

Moi, je fume une pipe... Benoît, du feu!...

ARTHUR, à la porte.

Tu ne viens pas, Deroy?

DEROY.

Non, faites celle-là sans moi, je vais m'occuper du punch...

BENOÎT, présentant une allumette.

Allumez-vous, dragon?...

DEROY, allumant sa pipe.

A-t-il une bonne boule, ce diable de Benoît!..

BENOÎT.

Vous êtes bien bon, dragon.

DEROY.

Gros et gras comme un moine...

BENOÎT, modestement.

Dam' je me nourris...

DEROY.

Oui, je crois qu'à table tu ne t'en acquittes pas mal.

BENOÎT.

Ça va... ça va... ça boulotte...

DEROY.

Demandez-moi si ce gaillard-là ne serait pas mieux au régiment qu'à la cuisine...

BENOÎT.

Ah! je voudrais bien... *sacrébleu*!...

(Il se pose cavalièrement.)

DEROY.

Eh bien! pourquoi ne te fais-tu pas soldat?..

BENOÎT.

Eh! eh!... je ne dis pas non... avec ça que c'est peut-être le seul moyen de plaire à quelqu'un... ou plutôt à quelqu'une... qui...

(Arthur rentre et allume un cigarre.)

DEROY.

Comment, tu es amoureux, toi?...

ARTHUR.

Benoît, amoureux?...

BENOÎT, étonné.

Oui, dragon... je suis amoureux et cruellement...

ARTHUR, fumant*.

Peut-on au moins savoir quel est l'heureux objet?...

BENOÎT.

Dame c'est c' te petite qui sert ici avec moi...

ARTHUR.

Brigitte... Voyez-vous, le gaillard! il n'est pas dégoûté...

BENOÎT.

Dégoûté?... je m'en prive très bien...

ARTHUR.

Ah! tu aimes Brigitte!...

MORTEMART, en dehors.

Arthur, à toi à jouer...

ARTHUR.

Voilà!...

(Il court au billard.)

BENOÎT.

Si je l'aime!... ah! je l'aime, je l'aime... bien plus que moi-même... et pour le bon motif encore...

DEROY.

Te marier?... en v' là une bêtise!...

AIR : Vers le temple de l'hymen

Écoute-moi, mon garçon,
Tu vas faire une boulette;
D'un vieux r'nard en amourette
Tu peux en croir' la leçon...
Au lieu d'entrer en ménage,
Grand nigaud, mais, à ton âge,
On dit bernique au mariage.
On s' prend, on s' quitte, et bonsoir.
Car l'amour, près d'une belle,

* Deroy, Benoît, Arthur.

Est une flamme éternelle
Dont l'hymen est l'éteignoir.

(Frappant sur le ventre de Benoît.)

Prends ça pour ta gouverne, et porte-toi bien...

BENOÎT.

Merci, dragon... (A part.) C'est égal, je préfère l'éteignoir... (Haut.) Dites donc, dragon... pardon... si ça vous était égal... je voudrais bien vous demander une chose...

DEROY.

Qu'est-ce que c'est encore?...

ARTHUR, rentrant *.

Pauvre Mortemart! enfoncé!... un bloc flamboyant...

BENOÎT, à Deroy, en l'amenant mystérieusement sur l'avant-scène.

Une supposition que je suis marié dans le civil... il m'est tout de même permis de l'être dans le militaire?...

ARTHUR, répondant.

Comment donc, si c'est permis! mais tu le seras au régiment mieux que partout ailleurs...

BENOÎT.

Eh ben! v' là mon affaire...

ARTHUR.

Oui, Benoît, je me charge de te faire incorporer...

BENOÎT.

Vous êtes bien honnête, dragon... il est très honnête, le dragon...

MORTEMART, à la porte.

Allons, Arthur, nous ne sommes plus que nous deux.

ARTHUR.

Est-ce à moi à jouer?

MORTEMART.

Oui, en main...

ARTHUR.

J'y suis.

(Il rentre.)

DEROY, à Benoît.

Va voir si ce punch est prêt...

BENOÎT.

Tout de suite, dragon...

(Fausse sortie.)

MARTIN, en dehors.

Benoît! Benoît!...

BENOÎT **.

On y va... (A Deroy.) Je peux t'y compter aussi sur votre protection, hein!... monsieur Deroy?... (Criant.) On y va!...

DEROY.

Certainement, mon garçon...

BENOÎT.

Ah! c'est bien aimable, *sacrébleu!*

DEROY, riant.

Va donc chercher ce punch!...

BENOÎT.

C'est égal, nous en recauserons... si vous voulez... On y va... On ne peut pas avoir un moment à soi dans c' te maison-ci... une vraie galère, quoi!... On y va...

(Il sort.—Bruit au billard.)

DEROY.

Qu'est-ce qu'il se passe donc là-bas?...

* Deroy, Benoît, Arthur.
** Benoît, Deroy.

SCÈNE VI.

DEROY, ARTHUR, MORTEMART, VALMONT, GASTON, puis BENOÎT.

(Tous les dragons sortent du billard.)

ARTHUR.

La bille était bonne...

MORTEMART.

C'est un infâme raccroc...

DEROY.

Laissez-nous donc tranquilles avec vos raccrocs...

(Benoît apporte le punch.)

Voilà le punch, disons-lui deux mots... Apporte ça ici... c'est moi que ça regarde...

BENOÎT, à part.

En voilà un dragon modèle!... c'est toujours lui qui prépare... mais pour payer... *nisco!...*

DEROY.

Avancez vos verres...

(Il verse.)

ARTHUR.

AIR du Serment.

Verse, verse, mon camarade;
Verse, verse rasade,
Et buvons à plein bord.
Verse, verse, mon camarade;
Fi!... l'amour est maussade:
Bacchus n'a jamais tort.

Chacun à sa guise
Peut se divertir,
Moi j'ai pour devise
Bombance et plaisir...
Quand l'amour m'appelle
Près d'une beauté,
Si je suis fidèle,
C'est à la gaîté.

REPRISE.

Verse, verse, mon camarade;
Verse, verse rasade,
Et buvons à plein bord.
Verse, verse, mon camarade;
Fi!... l'amour est maussade:
Bacchus n'a jamais tort.

DEROY, à Arthur.

C'est donc nous le vainqueur? nous régalons?...

ARTHUR, montrant Mortemart.

Et c'est lui qui paye...

MORTEMART, avec humeur.

Parbleu!... quand on vole!...

ARTHUR, avec un mouvement.

Monsieur Mortemart, le mot est au moins risqué...

MORTEMART.

Plaît-il?... Croyez-vous m'intimider, et prétendez-vous m'empêcher de parler?...

ARTHUR, fâché.

Voyons... décidément, que veux-tu dire?...

MORTEMART, raillant.

Je veux dire... qu'il ne faut pas tant s'étonner... du bonheur au jeu... de monsieur Arthur...

DEROY.

Quelle en est donc la cause?...

MORTEMART.

Il descend en droite ligne du célèbre Eustache de St.-Pierre... il y a de la corde de pendu dans sa famille...

(On rit.)

ARTHUR, froidement.

Vous avez tort de plaisanter les morts, monsieur, vous pourriez, peut-être plus tôt que vous ne pensez, aller leur tenir compagnie.

GASTON.

Arthur a raison; ce mot-là, certes, mérite une leçon...

MORTEMART, raillant.

Une leçon?... les nouveaux venus en reçoivent, mais n'en donnent pas...

ARTHUR, s'animant.

Les nouveaux venus de ma trempe vous prouveront le contraire... monsieur le beau joueur...

DEROY, s'avançant *.

Un instant... ne crions pas... l'affaire peut s'arranger... on se battra...

BENOÎT.

Se battre?... Allons chercher not' maître...

(Il sort.)

ARTHUR.

Sortons donc sur-le-champ, puisque vous voulez en essayer...

MORTEMART.

Et où allons-nous?...

DEROY.

Au bosquet; je connais un endroit charmant, à cent pas d'ici... Il nous faut, pour aller et revenir, juste le temps d'accommoder un salmis...

SCÈNE VII.

LES MÊMES, BENOIT, BRIGITTE, MARTIN **.

MARTIN.

Qu'est-ce que c'est, messieurs, une dispute... du scandale chez moi...

DEROY.

Silence!...

MARTIN.

Mais...

DEROY.

Silence! retournez aux fourneaux... dans les affaires de cette nature votre nez est de trop, cuisinier, vous n'avez pas la parole...

MORTEMART.

Sortirons-nous enfin?...

MARTIN.

Sortir... pour un duel... n'est-ce pas?... (A part.) Et la consommation qui n'est pas payée!... (Haut *.) Eh bien! vous aurez beau faire, je vous déclare, moi, que je ne souffrirai pas que vous alliez vous battre...

ARTHUR.

Voilà qui est un peu fort...

MARTIN.

C'est pourtant ainsi... et, pour cela, rien de plus facile... je garde sous clé vos casques et vos sabres...

ARTHUR, furieux.

Vous êtes fou, mon cher...

DEROY.

Soyez donc tranquilles... venez toujours... je sais où trouver ici près des épées qui vaudront mieux que nos lattes... et quant à la coiffure (tirant son bonnet de police de dessous sa veste.) voilà... enfoncé le pékin...

(Tous les dragons en font autant.)

MARTIN.

Messieurs, écoutez-moi, je vous en prie...

DEROY.

Eh! vieux farceur... pas de cris!... allez donc plumer des canards... à mort.

ARTHUR.

AIR : de Wallace.

Sortons, et ma vengeance
Va punir à l'instant
Cet excès d'arrogance.
Suivez-moi sur-le-champ;
Et bientôt vous verrez comment,
Comment je traite un insolent.

(Après le morceau, Deroy voit sur la table deux verres pleins... s'en empare de chaque main et les vide.

DEROY, en buvant.

Je suis à vous... allez toujours... (Après avoir bu.) Le reste est pour le garçon.

(Il sort vivement.)

BENOÎT, regardant un verre vide.

En v' là un qui en contient...

SCÈNE VIII.

BENOIT, MARTIN, BRIGITTE.

BENOÎT.

Ah! mon Dieu! mon Dieu! quels enragés, ils vont se tuer c'est sûr!... Est-ce qu'ils sont tous comme ça dans le militaire?... ça m'ôterait presque l'envie d'en être...

BRIGITTE, tristement.

Risquer ainsi de se faire mourir!

MARTIN.

Ah çà! mais quel est le sujet de leur querelle?... étais-tu là, Benoît? as-tu entendu?

* Arthur, Deroy, Mortemart, Gaston, Valmont.

** Benoît, Brigitte, Martin, Deroy; Arthur, Mortemart, Valmont et Gaston, sur le second plan.

* Benoît, Brigitte, Arthur, Martin, Mortemart, Deroy, etc.

BENOÎT.

Oui, not' maître... mais... je n'ai pas compris...

MARTIN.

Enfin... n'importe, cela s'arrangera... en attendant, vite à la besogne... Un dîner ou un déjeûner, suivant l'heure, est la conclusion obligée d'un duel; d'ailleurs, ils ont donné leurs ordres... Benoît... Brigitte... vite à la cuisine... et mettez le couvert...

BRIGITTE.

Oui, père Martin. (A part.) Pauvre M. Arthur! c'est justement sur lui que ça tombe...

MARTIN.

Allons, allons, (Il fait sortir Brigitte.) Benoît, tu m'as entendu, va à la basse-cour me tuer quatre canards que tu plumeras sur-le-champ...

(Il sort.)

SCÈNE IX.

BENOIT, seul.

(Pendant le commencement de ce monologue, Benoît dispose la table et met la nappe.)

Oui, not' maître... Dieu du ciel! encore plumer!... et dire que je n'ai jamais pu me livrer à cet exercice... barbare et ennuyeux... sans faire une foule de réflexions amères sur le sort de ces infortunés volatiques... Voilà le moment d'avoir de la résignation... j'en aurai... sacrébleu! je ne plumerai rien... d'autant qu'il y en a de tout plumés dans le garde-manger. (Il ouvre une armoire et prend des canards tout prêts à mettre à la broche.) Pauvres canards de mon cœur... va... si ça ne dépendait que de moi..

AIR : Bonne tante Marguerite.

Innocentes créatures,
Vos derniers jours sont venus;
Hélas! dans nos cours obscures
Vous ne barbotterez plus!
Voyez la noirceur des hommes!
Antropophag's que nous sommes,
Sans songer à l'avenir,
Manger ainsi d' pauvres bêtes...
Mais, barbar's, c'est sur vos têtes,
Oui, gourmands, c'est sur vos têtes
Que l' sang versé r'tombera;
Car moi je ne suis là
Qu' pour obéir...
D' vos crim's on ne peut me punir,
J' suis payé pour obéir.

(Sur la fin du couplet, Brigitte apporte des assiettes qu'elle pose sur la table où elle va dresser le couvert. Benoît sort par la porte de droite, second plan, et dépose ses canards.)

BRIGITTE, regardant avec inquiétude à la porte d'entrée.

Ah! mon Dieu!... ils ne reviennent pas encore! je suis d'une inquiétude...

(Benoît rentre immédiatement, et aperçoit Brigitte regardant au dehors.)

BENOÎT.

Qu'est-ce que vous avez donc à regarder comme ça... mam'zelle Brigitte?

BRIGITTE, redescendant.

Ce que je regarde...: c'te question!..

BENOÎT, commençant à mettre le couvert *.

C'est pour voir si les dragons reviennent?... vous êtes bien bonne, de vous tourmenter comme ça... s'ils attrapent quelque mauvais coup, ma foi! tant pis pour eux... ils l'ont bien cherché...

BRIGITTE.

Ce pauvre M. Arthur... s'il allait lui arriver malheur! s'il allait être tué!..

BENOÎT.

C'est lui qui vous occupe?...

BRIGITTE.

Il est si bon enfant, si gentil...

BENOÎT.

Pour gentil... hum!... oui... le physique est assez... pas trop mal... il a comme ça... un nez... et puis des yeux... une petite figure chiffonnée... mais c'est l'habit qui fait ça... (A part.) Je suis sûr que si je portais des revers roses et des bottes à l'écuyère...

(Il se caresse le menton et remonte la scène.)

BRIGITTE, passant à gauche.

Je ne suis pourtant pas peureuse, moi... eh bien, rien que l'idée d'un duel... ah!...

BENOÎT, à la porte.

Tiens, je crois que je les vois...

BRIGITTE.

Vrai!..

BENOÎT.

Ah! non... c'est un troupeau de bœufs.

BRIGITTE.

Imbécille... (A part.) Il m'a fait une fausse joie...

PREMIER COUPLET.

Combien cette querelle
M'inspire de frayeur!
Quelle crainte nouvelle
Vient agiter mon cœur!
O funeste présage!
Rien qu'en pensant à lui,
Je sens que mon courage
M'abandonne aujourd'hui.
Ah! ah! ah!
Comment donc expliquer cela?
Ah! ah! ah!
Quel trouble je sens là!

DEUXIÈME COUPLET.

Je le sais, Benoît m'aime;
Benoît me fait la cour.
S'il me quittait de même
Pour se battre à son tour,
Pour lui, qui toujours tremble,
Je prierais de bon cœur;
Mais j'aurais, il me semble,
Beaucoup moins de frayeur
Ah! ah! ah! etc.

* Brigitte. Benoît.

BENOÎT, revenant un peu.

Elle gazouille très bien, cette petite Brigitte... Si je profitais de la solitude où nous sommes dans ce moment, pour lui toucher... deux mots relativement à l'amour et à l'hyménée...* (Haut.) Brigitte...

BRIGITTE.

Qu'est-ce qu'il y a encore?

BENOÎT.

Brigitte... vous affectionnez donc le militaire?...

BRIGITTE.

Quel militaire?

BENOÎT.

Je dis le militaire en général...

BRIGITTE.

Général, caporal... ça m'est égal... je conviens que j'ai un faible pour l'uniforme...

BENOÎT, à part.

Quand je vous le dis... (Haut.) ce n'est donc que l'enveloppe qui vous plaît, quel que soit le dessous. (A part.) Comme c'est adroit!..

BRIGITTE.

Un instant... il y a du choix comme en tout.

BENOÎT.

C'est juste... enfin... une supposition que je l'endosserais, moi, cet uniforme en question... par exemple, celui de feu mon cousin qui est mort, et que j'ai encore là... un grand bel homme... ça m'irait comme un gant...

BRIGITTE.

Toi, mon pauvre Benoît, allons... est-ce que c'est possible... une bonne pâte de garçon comme toi!

BENOÎT.

Pâte... si vous voulez; mais enfin, la supposition étant... je pourrais t'y me mettre sur les rangs?

BRIGITTE, le regardant.

Mais dame... (A part.) Ce n'est pas l'embarras, ça ferait un bon mari.

BENOÎT, tendrement.

Allons, que votre cœur prononce.

BRIGITTE.

Eh bien! peut-être que oui...

BENOÎT.

P't-être que oui!... ah! ah! voilà un p't-être que oui... *sacrébleu!* je suis plein de félicité...

MARTIN, en dehors.

Benoît!... Brigitte!... allons, vite; voilà ces messieurs...

BRIGITTE.

Ils reviennent tous?...

MARTIN, en dehors.

Tous.

BENOÎT.

Tous... ah! ça m'est bien égal...

BRIGITTE, à la porte.

Ah! mon Dieu!... il y en a un de blessé... courons...

BENOÎT.

Un de blessé! *sacrébleu!*... ça m'est encore égal...

SCÈNE X.

BENOIT, MARTIN, BRIGITTE, TOUS LES DRAGONS.

DEROY, soutenant Arthur blessé.

Appuie-toi donc sur moi...

ARTHUR.

Ce n'est rien, vous dis-je, je suis assez fort pour marcher seul.

BRIGITTE.

Allons, Benoît, vite le grand fauteuil... je vais donner un oreiller... pauvre jeune homme!

ARTHUR.

Diable! il faut convenir que je n'ai pas la main heureuse.

DEROY.

C'est vrai... mais tu es un brave.... tu n'as pas boudé... et ce baptême-là te portera bonheur au régiment.

(On place le fauteuil à l'extrémité droite de la table qui fait face au public.)

MORTEMART.

Mon pauvre Arthur, combien je suis fâché...

ARTHUR.

Ah! je ne t'en veux pas.... ce n'est pas ta faute... mais ce ne sera rien... un petit coup de pointe qui a glissé sur les côtes, comme on dit... entre cuir et chair...

DEROY.

Eh mon Dieu! oui.. c'est l'affaire de quelques jours... n'y pensons plus, et à table*!

MARTIN, à part.

Voilà ce que j'attendais... (Haut.) Messieurs...

DEROY.

Eh bien! grand canard, tout est-il prêt?

MARTIN.

On vous sert à l'instant.

BENOÎT.

Manger malgré tout ça... en v'là des philosophes!...

BRIGITTE, à Arthur.

Quelle imprudence!... au lieu de vous soigner.

ARTHUR.

Sois tranquille, ma petite.

(Brigitte sort.)

DEROY.

Eh bien! Benoît, tu n'as pas entendu?... du vin, morbleu!...

BENOÎT.

Voilà, dragons...

CHOEUR.

AIR : Chœur du Châlet.

A table! allons, joyeux amis, } (*bis.*)
Que le plaisir a réunis;

* Benoît, Brigitte.

* *Ordre des places à table* : Arthur, Gaston, Mortemart Valmont, Deroy.

Fêtons tous notre nouveau frère ! (*bis.*)
Noyons au fond de notre verre
Et les chagrins et les soucis...
Champagne, bourgogne et médoc,
Voyons des trois quel est le coq.

GASTON.

Eh bien ! Arthur, comment te trouves-tu ?

ARTHUR.

Pas mal... le dîner achèvera de me remettre.

DEROY.

Attaquons le fin salmis... (Servant Arthur.) A toi l'honneur, amphytrion.

ARTHUR.

Amphytrion ! amphytrion ! (A part.) Gare au quart-d'heure de Rabelais...

DEROY.

Ça te revient de droit.

ARTHUR.

Il paraît alors que ce sont les battus qui paient l'amende.

MORTEMART.

Non, messieurs, je trouve plus juste que chacun aille de son écot; Arthur paiera sa bien-venue un autre jour...

TOUS.

Oui, oui...

DEROY, à Mortemart.

Ah ! mon Dieu ! beau vainqueur, tu fais de la générosité... Eh bien ! c'est toi qui paieras pour moi.

VALMONT, la bouche pleine.

Dînons donc, nous avons bien le temps de penser à cela !

DEROY.

Oh ! toi, Valmont, on sait que quand tu es à table, ce n'est pas pour parler; tu fonctionnes, c'est vrai, mais dans un autre genre... Du vin !.. bordeaux ! première !..

BENOÎT.

Voilà, voilà !... quels crânes hommes !...

(Il sort et rentre aussitôt.)

BRIGITTE, entrant.

Ces messieurs prendront-ils du café?...

ARTHUR.

Nous prendrons tout ce que tu nous donneras... (Il lui prend la taille.) Entends-tu, bijou ?

BENOÎT, le regardant.

Flatteur d'Européen... va...

BRIGITTE.

Comment vous trouvez-vous, monsieur Arthur ?

ARTHUR.

Aussi bien que possible...

BRIGITTE.

Ah ! tant mieux... j'vais faire chauffer le café... (A part, sortant.) Hum ! quel joli petit mari ça ferait !...

MORTEMART.

Est-il heureux, cet Arthur !... Voyez donc comme on le dorlotte !

DEROY, se levant.

Oh ! il y a quelque chose là-dessous... mais motus... messieurs ; Arthur est un brave sur le terrain, un gaillard près de la beauté. Je le proclame, en conséquence, digne de connaître et d'apprendre la chanson des dragons de Lunéville... dont auxquels il a l'honneur d'être... Écoutez tous...

AIR des Cochers.

(On reprend le refrain en chœur.)

PREMIER COUPLET.

Les dragons c'est d' fameux lapins;
Ils en r'vendent même aux plus malins :
Soit en paix, soit en guerre,
C'est l' meilleur militaire.
Ah ! les dragons, (*bis.*)
C'est tous des bien bons
Lurons.

(Benoît accompagne du geste le refrain.)

BENOÎT.

Quelle philosophie !... Dieu de Dieu ! quelle aimable philosophie !

(Il boit.)

DEROY.

DEUXIÈME COUPLET.

Le dragon est un bon troupier,
A cheval aussi bien qu'à pied.
Se battre, aimer et boire,
Voilà toute sa gloire !
Ah ! les dragons, (*bis.*)
C'est tous des bien bons
Lurons.

BENOÎT.

J'm'enflamme, *sacrébleu* ! je m'enflamme !..

(Il boit et chante le refrain.)

DEROY.

TROISIÈME COUPLET.

Le dragon, près de la beauté,
Ne manqu' pas d' sensibilité.
Il triomph' d'une belle
Comm' d'une citadelle.
Viv'nt les dragons ! (*bis.*)
Car c'est tous des bons
Garçons.

BENOÎT, buvant à plein verre.

A la bonne heure, v'là comme j'entends le militaire... et non pas...

(Il fait le geste de se battre.)

Viv'nt les dragons ! (*bis.*)
C'est tous des fameux gaillards.

TOUS.

Ah ! ah ! ah ! bravo, Benoît !

DEROY.

Allons, fameux gaillard, donne-nous le champagne...

BENOÎT.

Voilà... voilà... (En sortant.) Tiens, tant pire ! décidément je me fais dragon...

(Il sort en chantant.)

Ah ! les dragons, (*bis.*)
C'est tous des fameux pompiers.

MORTEMART.

Je suis persuadé qu'Arthur ne se ressent plus de sa blessure.

ARTHUR.

Ma foi, non...

BENOÎT, rentrant.

Voilà le champagne.

DEROY.

Amène-moi, çà ici, bouffi...

BENOÎT.

Ça vous connaît ça, monsieur Deroy ?

DEROY.

Un peu, mon neveu...

ARTHUR.

Dis qu'on se dépêche pour le café, car il est déja tard... ah! en même temps apporte la carte...

(Benoît sort.)

MORTEMART, regardant sa montre.

Près de minuit! heureusement que personne de nous n'est de service...

TOUS.

Non, non...

DEROY, se levant.

Allons, messieurs, à la santé d'Arthur, à ses succès à venir, et à notre mort le plus tard possible...

ARTHUR.

Merci, mes amis, merci...

(Ils trinquent.)

BENOÎT, rentrant.

Monsieur, le café chauffe, et voici la carte.

ARTHUR.

C'est bien, laisse-nous... (Regardant la carte.) Morbleu! l'enfant a pris du développement... cinquante écus !...

BENOÎT, à part.

Cinquante escus !...

DEROY.

Excusez du peu...

BENOÎT.

Dam', ces messieurs doivent connaître l'usage de la maison... tout ce qui est servi se paie...

ARTHUR.

Allons, vidons nos poches, il s'agit de financer.

MORTEMART.

Je n'aurai jamais assez... je n'ai qu'une quinzaine de livres sur moi...

GASTON.

Moi j'en ai dix tout au plus...

VALMONT.

Et moi pas davantage...

DEROY, retournant sa poche.

Et moi j'ai dix-sept sous...

ARTHUR.

Alors nous sommes bien...

BENOÎT.

Allons, allons, ils sont propres...

DEROY, à Benoît.

Dis donc, farceur, et ce café...

BENOÎT.

J'y vais, dragon. .

(Il sort.)

DEROY.

Voyons, voyons... parlons peu mais parlons bien... il s'agit de monter le coup à ce cuistre du *Grand Canard*, qui dit toujours que crédit est mort...

MORTEMART.

C'est bon à dire; mais à faire... il n'est pas facile, le vieux sacripant! il connaît les couleurs... et à l'heure qu'il est...

DEROY.

Nous sommes fumés, mon vieux...

ARTHUR, qui réfléchit depuis un instant.

Du tout, messieurs; je me dévoue, et vous tire d'affaire...

DEROY.

Toi... mais tu as dix écus à peine, et il en faut cinquante...

ARTHUR.

Aussi n'est-ce pas d'argent comptant qu'il s'agit, je veux seulement que ce fricoteur intraitable nous accorde le temps de payer...

DEROY.

Impossible! il se ferait plutôt couper en quatre comme un salmis, que de nous accorder vingt-quatre heures...

ARTHUR.

C'est ce que nous allons voir, parbleu!.. D'abord, je me sens faible... Ah! mon Dieu! ma blessure serait-elle plus grave que je ne l'avais pensé... je me sens défaillir...

DEROY, se levant.

Il fallait donc le dire plus tôt; je vais réveiller tous les chirurgiens de la ville...

ARTHUR, vivement.

Gardez-vous-en bien. (Parlant à peine.) Je n'ai besoin pour le moment que d'un notaire et d'un prêtre...

TOUS se lèvent.

Un prêtre!...

DEROY.

Bat-il la campagne?... ou le vin...

ARTHUR, de sa voix ordinaire.

Voulez-vous sortir d'ici sans bourse délier ?

DEROY.

Belle question !...

(Deux dragons rangent la table contre le mur de gauche.)

ARTHUR.

Eh bien, mes amis, faites-moi donner un oreiller de plus; entourez-moi, en vous lamentant de la façon la plus attendrissante, et surtout qu'on m'amène un prêtre et un notaire sans plus tarder.

(Mortemart place le fauteuil au milieu du théâtre, à l'avant-scène.)

DEROY.

Je ne comprends pas, mais c'est égal... holà... hé!... Benoît! Brigitte!... toute la maison...

ARTHUR.

Ne crie donc pas si fort...

DEROY.

Ah! c'est vrai, j'oubliais que tu vas rendre l'ame...

SCÈNE XI.

LES MÊMES, BENOIT, puis BRIGITTE et MARTIN.

BENOÎT.

Qu'est-ce qu'il faut?

MORTEMART.

Y a-t-il un notaire près d'ici?

BENOÎT.

Oui, monsieur, à deux pas.

DEROY.

Eh bien! cours vite le chercher; et en même temps amène un prêtre.

BENOÎT.

Un prêtre... après dîner... drôle de dessert... J'y cours.

BRIGITTE et MARTIN, entrant.

Un prêtre? et pour qui?

ARTHUR*.

Pour moi, mon cher hôte, pour moi qui me sens au plus mal...

BRIGITTE.

Est-il possible! monsieur Arthur...

MORTEMART.

Vite, Brigitte, un oreiller de plus.

MARTIN.

Mais quelle est donc la cause?...

ARTHUR.

Ma blessure... ah! j'y succomberai.

MARTIN.

Allons, allons, un peu de courage... que diable! on ne meurt pas comme ça pour un coup d'épée...

BRIGITTE.

Voilà un oreiller... Vous souffrez donc beaucoup?

ARTHUR, d'une voix éteinte.

Oh! oui, ma bonne Brigitte... mon cher hôte... je sens que le poumon a été touché...

MARTIN.

Ah! diable!... le poumon...

ARTHUR.

Ce n'est pas la mort qui m'effraie et j'espère le prouver en faisant mon testament... Mes chers amis, je pourrai du moins, grace à mes vingt mille livres de rente...

DEROY, riant, à part.

Vingt mille bl...

ARTHUR, bas à Deroy.

Ne ris donc pas, imbécille, tu vas me faire éclater.

* Martin, Brigitte: Arthur, assis: Deroy, Mortemart, Valmont, Gaston.

MARTIN, à part.

Vingt mille livres de rente! et il va faire son testament... (Haut.) Mais, mon officier, dans l'état où vous êtes, un bon lit vous conviendrait mieux qu'un fauteuil, et je vais...

ARTHUR.

Non, tout-à-l'heure seulement... j'aime mieux rester là pour dicter mes dernières volontés... Ah! mon cher hôte, comment reconnaître tant de zèle, de dévouement! combien je regretterais que le notaire arrivât trop tard.

MARTIN, à part.

Vous verrez que ce scélérat de gardenotes viendra quand il n'y aura plus personne...

DEROY, à Mortemart.

Je commence à comprendre... la farce est bonne.

MORTEMART.

Comment cela finira-t-il?

SCÈNE XII.

LES MÊMES, BENOIT, LE NOTAIRE.

BENOÎT, entrant.

Voilà monsieur le notaire; je n'ai pas trouvé M. le curé.

LE NOTAIRE.

On a besoin de mon ministère, messieurs?...

(Les dragons saluent.)

MARTIN, approchant un guéridon.

Eh! vite, monsieur; le malheureux sera peut-être sans connaissance dans un instant...

BRIGITTE, à part.

Quel malheur!

BENOÎT, à part.

Ça fend l'ame, *sacrébleu!*

DEROY, bas à Arthur.

Dis donc, ne m'oublie pas dans ton testament...

ARTHUR, dignement*.

Je lègue à la deuxième compagnie des dragons de Lunéville, à laquelle j'ai l'honneur d'appartenir... je lègue, dis-je, mon souvenir... et mes mémoires... à acquitter.

BENOÎT.

Dragon généreux! rien ne lui coûte.

ARTHUR.

Mon cher hôte, je me sens bien faible... Ah! Aïe... n'auriez-vous rien à me donner pour me soutenir?

MARTIN, à Brigitte.

Un oreiller de plus!

ARTHUR.

Non, non... quelque chose à boire...

MARTIN.

Je comprends, mon gentilhomme... (Il va

* Benoît, Brigitte, Martin: le notaire, assis devant le guéridon: Arthur, etc.

à l'armoire, et prend une bouteille et un verre.) Voilà, voilà.

ARTHUR.

Item : Je laisse à mon respectable hôte... ah! je me sens mourir... la force me manque...

MARTIN.

Ah! mon Dieu, juste au moment... (Il remplit le verre.) Tenez, prenez-moi ça, mon officier...

ARTHUR, après avoir bu, d'un air dégoûté.

Ah! que me donnez-vous là?

DEROY, bas.

Quelque drogue...

ARTHUR, bas.

Du madère. (D'une voix mourante.) Encore... (Il boit de nouveau. Continuant.) A mon respectable hôte... homme honorable, aimable, incomparable... dont je veux reconnaître l'estime pour la cavalerie en général, et les dragons en particulier...

MARTIN, ému.

Les larmes me viennent aux yeux; je suffoque de reconnaissance...

BENOÎT.

Je pleure comme une petite biche.

ARTHUR.

Je lègue, dis-je, à cet estimable citoyen, la perle des bourgeois de Lunéville... (S'interrompant.) Ah! quelle douleur... je succombe...

(Il laisse tomber sa tête.)

MARTIN, criant.

Mon officier, encore un verre... encore un verre.

(Il le remplit.)

ARTHUR, le cherchant de la main, sans lever la tête.

Deroy... mon ami, mets la main sur mon cœur... là, là... que je souffre!

(Il passe son verre sous le nez de Deroy, et boit.)

DEROY, bas.

Ah! quel bouquet!... Gredin! tu me fais poser...

ARTHUR, bas.

Chut!

LE NOTAIRE, répétant.

La perle des bourgeois de Lunéville...

ARTHUR.

Vingt mille livres, espèces... plus une somme de cent cinquante-deux livres...

MARTIN, pleurant.

Dix sols!

ARTHUR, répétant.

Dix sols... montant de la carte de ce jour...

DEROY, à part.

Fameux, celui-là!

ARTHUR.

Le tout quoi lui sera compté dans le délai de trois mois à partir de mon décès, par mon exécuteur testamentaire, à la charge par lui de me faire enterrer décemment, ce qui sera très prochain, car je perds, je le sens, le peu de forces qui me restent.

MARTIN, attendri au dernier point.

Ah! mon officier, mon gentilhomme, soyez tranquille sur ce qui est de cela: vous aurez la croix d'or et la plus riche bannière; les cloches sonneront en volée tant que le service durera... faut-il que je voie ainsi périr à la fleur de l'âge un si brave gentilhomme; rien que d'y penser, je me sens capable d'en mourir de chagrin...

DEROY, à part.

Et moi de rire, vieux chenapan! en voilà de la douleur de commande, première qualité.

ARTHUR.

Bien, mon brave hôte, je suis content de vous. (Les dragons étouffent leurs éclats de rire.—Au notaire.) Mais terminons, monsieur... (A part.) Ces gaillards-là vont tout gâter si je ne les renvoie pas.

DEROY, bas.

Tu peux te flatter d'avoir une platine...

ARTHUR, bas.

Tais-toi donc, bavard...(D'une voix éteinte.) Mes bons amis, aucun de vous n'est cause volontairement de ma mort, je vous pardonne; faites-moi seulement l'amitié de dire chacun un *pater* et un *ave* pour le repos de mon ame.

DEROY, gardant son sérieux.

Pauvre Arthur!

(Tous les dragons marmottent quelques paroles entre leurs dents.)

ARTHUR, après avoir signé.

Bien... bien, mes amis... adieu! pensez quelquefois à moi... (bas.) et fichez-moi le camp...

CHOEUR.

AIR final de l'Habit (deuxième acte).

BENOÎT dit sur la ritournelle.

Par ici, dragons, que je vous donne vos armes...

LES DRAGONS.

Ici notre présence,
Sans calmer sa souffrance,
Peut le gêner, je pense,
Partons,
Obéissons.

ARTHUR, aux dragons, bas.

Il faut, au point du jour,
Être ici de retour.

REPRISE.

Ici notre présence,
Sans calmer sa souffrance,
Peut le gêner, je pense,
Partons,
Obéissons.

(Les dragons sortent par le billard, le notaire par la porte d'entrée à gauche.)

SCÈNE XIII.

BENOIT, MARTIN, ARTHUR, BRIGITTE.

ARTHUR.

Maintenant, mon cher hôte, vous pouvez me faire porter sur votre lit...

MARTIN, vivement.

C'est moi-même, mon gentilhomme, moi-même qui vais prendre ce soin... Benoît, aide-moi vite... Brigitte, ôte ces oreillers et place-les sur ce lit.

(Il remonte vers le lit avec Benoît.)

BRIGITTE.

Tout de suite, père Martin...

ARTHUR, bas à Brigitte, d'une voix toujours faible, pendant que Martin est remonté.

Fais en sorte, tout-à-l'heure, que Martin s'éloigne un instant... Chut!...

BRIGITTE, à part.

Ah! qu'est-ce que ça veut dire...

MARTIN, soutenant Arthur avec Benoît.

Benoît, de la précaution; prenez garde de faire souffrir ce pauvre jeune homme.

ARTHUR.

Bientôt je ne souffrirai plus...

MARTIN.

Du courage... (On conduit Arthur sur le lit. — Benoît, dans le trajet du fauteuil au lit, laisse tomber deux ou trois fois l'oreiller qu'il tient sous son bras. — Martin va remplir un verre.) Tenez... buvez-moi encore celui-là... ça vous soutiendra...

BRIGITTE.

Y pensez-vous... dans l'état où il est...

MARTIN.

Laisse donc.... laisse donc.... le vin est le père de la fièvre, (à part.) et la fièvre la plus sûre alliée des légataires...

(Benoît porte le fauteuil à la tête du lit.)

SCÈNE XIV.

BENOIT, MARTIN, BRIGITTE; ARTHUR, sur le lit.

MARTIN *.

Benoît, ferme cette porte, prends la clé, et mets les verroux...

BRIGITTE, à part.

Que peut-il avoir à me dire!... Renvoyer le père Martin... enfin n'importe... (Haut.) Vous devez être bien fatigué, not' maître... si vous alliez vous reposer un instant... il est près de trois heures du matin...

MARTIN.

En effet, je ne sais, la douleur, l'émotion... je crois qu'un peu de repos ne me ferait pas de mal...

BENOÎT, bâillant.

Ah! oui, le fait est qu'un peu de repos...

MARTIN.

Quant à toi, Benoît, tu te coucheras plus tard... il faut, mon garçon, que tu restes près de notre malade...

BENOÎT.

Moi!... tout seul ici!... pas de ça... pas de ça..... notr' maître, je n'oserai jamais....

BRIGITTE.

Poltron... va te coucher... j'y resterai, moi...

MARTIN.

Toi, Brigitte!...

BRIGITTE.

Oui, père Martin... je n'ai pas peur, moi... et puis, est-ce qu'il y a du danger?

MARTIN, écoutant.

Chut!... Ah! miséricorde! je crois qu'il ronfle...

(Il remonte un peu.)

BENOÎT *.

Rassurez-vous, not' maître, c'est le râle...

MARTIN.

Mais écoute donc... cependant as-tu entendu beaucoup de moribonds râler de cette force-là..

BENOÎT.

Il est possible... comme je l'ai ouï dire quelquefois... à des sérugiens... il est possible que ce soye causé par un épanchement intérieur...

MARTIN.

Hum! hum!... les vauriens se sont épanché intérieurement une assez belle quantité de mes meilleurs vins... heureusement le testament est là... Allons, Brigitte, puisque tu t'en sens le courage, reste... Si... par hasard...

BRIGITTE.

Soyez tranquille... Bonsoir, not' maître...

MARTIN.

Bonsoir, ma fille... (Écoutant.) Il ne ronfle plus... du moins... Viens, Benoît.

(Il sort par la porte de la cuisine.)

BENOÎT.

Bonne nuit, mam'selle Brigitte, bon courage..

(Il sort.)

BRIGITTE.

Enfin... m'en voilà débarrassée..

BENOÎT, revenant et frappant doucement sur l'épaule de Brigitte.

Si vous avez peur, appelez-moi...

(Il sort.)

SCÈNE XV.

ARTHUR, BRIGITTE.

ARTHUR, d'une voix mourante.

Père Martin, mon cher hôte, êtes-vous là?...

BRIGITTE, s'approchant.

Non, monsieur Arthur, il est parti.

ARTHUR, se levant tout-à-coup **.

Il n'est plus là, bien sûr?...

BRIGITTE.

Ah! mon Dieu! vous m'avez fait peur!...

ARTHUR.

Chut!... tu es bien sûre qu'il ne peut nous entendre?

* Martin, Brigitte, Benoît; Arthur, couché.

* Brigitte, Martin, Benoît.

** Brigitte, Arthur.

BRIGITTE.

Impossible, vous dis-je; mais expliquez-moi donc...

ARTHUR.

Le testament, ma mort prochaine sont autant de farces qui ont réussi au-delà de mes espérances; mais pour que le tour soit complet, il faut que tu m'aides à m'évader... j'ai compté sur toi... Par où vas-tu me faire sortir?

BRIGITTE.

Je ne sais... la porte est verrouillée et fermée à clé... Ah! par cette fenêtre... vous vous trouverez dans une arrière-cour; une haie à franchir et vous êtes sur la route...

(Elle entre dans la salle de billard prendre le casque et le sabre.)

ARTHUR.

Bravo!... tu es un ange, et tu verras que tu n'obliges pas un ingrat...

AIR : du Châlet.

Allons, allons, bonne Brigitte,
Mon casque, mon sabre bien vite;
Partons sans bruit...
Vite à ton poste, et sur ta chaise
Dors si tu veux tout à ton aise,
Et bonne nuit!
En attendant meilleure récompense,
Prends ce baiser pour payer ton silence

(Il l'embrasse.)

BRIGITTE.

Eh bien!...

ARTHUR.

Tu en veux encore... tiens... tiens... oh! quand je m'y mets je suis généreux.

Ah! le bon tour! ah! vraiment,
C'est charmant!
De mon cher hôte, en s'éveillant,
Je vois l'étonnement.
Esquivons-nous, et, dès le grand matin,
Le mort viendra demain
Payer son écot du festin.

(Il sort par la fenêtre à droite.)

SCÈNE XVI.

BRIGITTE, seule.

(Le regardant partir.) Il est sauvé... (Redescendant.) J'en reviens toujours à ce que j'ai dit: Ah! si j'avais un mari comme ça... Eh! bien, cependant en réfléchissant... Ça doit vous avoir une tête... ah! ah!... Et moi qui, de mon côté, ne suis pas sans en avoir une aussi... Non, non, décidément pour être maîtresse comme je veux l'être, comme je le serai... Benoît est le mari qu'il me faut... Mais à condition qu'il sera militaire: je n'en veux pas sans ça... je ne prendrai jamais un époux dans le civil, j'ai horreur du civil.

AIR : Volcan d'amour.

Ah! pour mari qu'un militaire
Me conviendrait, je l' dis franch'ment!
Moi j'ai toujours aimé la guerre,
Je crois que c'est mon élément...
J'aime le bruit et le tapage:
Dieu! comm' j'en f'rai dans mon ménage!
Et je veux, par tempérament,
M'ner mon époux tambour battant.
Ranpataplan!
Ah! quel dommage...
Je le sens là, j'étais vraiment
Faite pour vivre au régiment.
Ranpataplan!
Ah! quel plaisir de vivre au régiment!

DEUXIÈME COUPLET.

Je n' manquerais jamais d' courage;
Et sans frayeur, pendant l' combat,
S'il le fallait, j' saurais, je gage,
Marcher au feu comme un soldat.
Je n' voudrais pas, j' vous pri' de l' croire,
Céder ma part de la victoire;
Sur les enn'mis, au premier rang,
Je taperais... mais... soigneusement.
Ranpataplan!
Marche à la gloire!...
Je le sens là, j'étais vraiment
Faite pour vivre au régiment.
Ranpataplan!
Ah! quel plaisir de vivre au régiment!

En attendant ce plaisir-là, faisons ce que m'a dit M. Arthur... Attention à ma consigne: je vais tâcher de dormir un peu dans ce fauteuil, et quand le père Martin viendra... ma foi, j'aurai l'air tout aussi étonnée que lui de la disparition de son mort, qui doit être loin maintenant s'il court toujours... Je crois que j'entends du bruit... Vite à mon poste. (Elle s'assied. — Nuit.)

SCÈNE XVII.

MARTIN, BRIGITTE.

MARTIN, entrant avec précaution, un bougeoir à la main.

Il m'est impossible de dormir: l'inquiétude... l'impatience... Voyons un peu où en est le malheureux... (Écoutant.) Bon Dieu! serait-ce toujours lui qui dort ainsi?... (Regardant.) Non... c'est cette pauvre Brigitte qui n'aura pu résister au sommeil. (Hésitant.) Vraiment, je n'ose le regarder, l'infortuné!... Allons... il le faut pourtant... (Il s'approche.) Eh! bien, il n'est plus là... Qu'est-ce cela veut dire?... il n'est plus dans ce lit... (Criant.) Ah! mon Dieu! Brigitte...

(Il la réveille.)

BRIGITTE, feignant de se réveiller.

Eh bien! eh bien! qu'est-ce qu'il y a?... Ah! c'est vous, not'maître!...

MARTIN.

Où est-il?... où est-il?... Tu dois le savoir, toi, tu étais là...

BRIGITTE.

Mais qui donc?...

MARTIN.

Parbleu! mon mort... ce dragon expirant...

BRIGITTE.

Comment, il n'est plus là!... Ah! mon Dieu! est-ce que le diable l'a emporté!...

MARTIN, désespéré.

Mon mort! mon mort!... on m'a volé mon mort!... Benoît!... Benoît!... mon garçon!...

SCÈNE XVIII.

LES MÊMES, BENOIT.

BENOÎT, en bonnet de coton, passant la tête à la porte du billard *.

Voilà... me voilà, not' maître. Est-ce que le pauvre dragon est défunt?...

MARTIN.

Il s'agit bien de cela!... On me l'a volé... tiens, regarde... il n'y a plus personne.

BENOÎT.

Volé... ah! sacrébleu! c'est fort bête, on ne devrait pas prendre ces choses-là...

MARTIN.

Je suis ruiné, ruiné de fond en comble... plus de mort, plus de testament... Ah!... morbleu! cela ne se passera pas ainsi...

AIR de le transporter à la ville.

C'est une horreur, une infamie,
Un guet-apens, et je m'en vais
Prévenir la gendarmerie,
Le commissaire, et je promets
Que le drôle paira les frais...
S'il le faut, dans ma rage extrême
(Tu m'accompagneras, mon cher),
Nous irons l' chercher en enfer...

BENOÎT.

Non; not' maît', allez-y vous-même :
Je n' veux pas aller en enfer;
Mon cher maître, allez-y vous-même.

MARTIN.

Et mon dîner d'hier qui n'est pas payé... je suis volé...

BENOÎT.

Volé comme dans n'un bois... Pourtant, not' maître, il ne peut pas être perdu, c't homme! Avez-vous bien cherché par-tout?...

(Il regarde sous le lit.)

CHOEUR, dans la coulisse.

AIR de Fra-Diavolo.

Allons, allons, l'aube vermeille
Déjà colore le rempart;
Allons, allons, qu'on se réveille
A l'auberge du *Grand Canard*.

* Benoît. Martin. Brigitte.

SCÈNE XIX.

LES MÊMES; LES DRAGONS, excepté ARTHUR.

BENOÎT.

Tiens, ce sont les dragons, je crois. Faut-il ouvrir?...

MARTIN.

Sans doute... sans doute... ah! je vais les traiter comme il faut...

BENOÎT, ouvrant.

Déja ici, militaires! il est à peine quatre heures du matin...

DEROY *.

Qu'est-ce que ça te fait, benêt?...

BENOÎT, noblement.

Bénoît, dragon.

MARTIN.

Que venez-vous faire ici, messieurs?

DEROY.

Nous venons pour procéder, suivant le desir du défunt...

BRIGITTE, à part.

Le défunt se porte à merveille...

MARTIN.

Toute feinte est inutile... vous savez bien qu'il n'est plus ici...

DEROY.

Plus ici... Eh bien! où est-il?...

MARTIN.

Est-ce que je le sais plus que vous!

DEROY.

Vous ne le savez pas!...

BRIGITTE, à part.

Je le sais bien, moi...

DEROY.

Ah çà! un instant... il nous faut notre camarade. Nous l'avons laissé ici : mort ou vif, il nous le faut.

MARTIN.

Voilà qui est fort...

BENOÎT.

En effet, c'est très fort...

MARTIN.

Il faudra peut-être que je vous fournisse un remplaçant...

DEROY.

Pas tant de colloques... Où est Arthur?

MARTIN, hors de lui.

Qu'il soit au diable, s'il veut!... allez le chercher si ça vous fait plaisir.

DEROY.

Ah! tu fais le méchant, je crois...

(Arthur chante dans la coulisse.)

GASTON.

Chut!... écoutez donc, messieurs!...

* Benoît. Brigitte, Martin. Deroy, Mortemart. Valmont, Gaston.

MORTEMART

C'est la voix d'Arthur.

GASTON, à la porte.

Mais oui... c'est lui...

BENOÎT.

Déja ressuscité d'entre les morts!... bon!... moi je vais... En avant le *casse* et l'uniforme de mon cousin!

(Il sort.)

SCÈNE XX.

Les Mêmes, ARTHUR.

TOUS.

Te voilà!... te voilà!...

DEROY.

Viens-tu de l'autre monde?...

ARTHUR *.

Non, mes amis, je sors tout simplement du quartier, d'où vous veniez de partir, m'a-t-on dit, au moment où j'y arrivais...

MARTIN, à Arthur.

M'expliquerez-vous enfin...

ARTHUR.

Pourquoi je ne suis pas mort? mon cher hôte, rien de plus facile... D'abord je suis trop jeune pour ça, convenez-en... et puis j'ai encore chez vous trop de bons salmis à manger, trop de bonnes bouteilles à vider à votre santé.

MARTIN.

Il ne s'agit pas de plaisanter... il y a eu abus de confiance, car enfin vous me devez...

ARTHUR.

Rien du tout.

MARTIN.

Comment! rien du tout?... et mon dîner d'hier?

ARTHUR.

Et mon testament!

MARTIN, furieux.

Le testament!

ARTHUR.

N'est-il pas chez le notaire?... Soyez tranquille; si j'en ai réchappé cette fois, je vous promets de me faire tuer à la première occasion : vous ne perdrez rien pour attendre...

MARTIN.

Tout cela est bel et bon... mais il me faut mes cent cinquante deux livres dix sols, ou...

ARTHUR.

Tout beau, bonhomme!... vous avez perdu la carte...

MARTIN, tirant un papier.

Non pas, la voilà...

ARTHUR.

Pas trop bête, vraiment!... Eh bien! oubliez vous que le montant en est porté au testament?... ce qui est écrit est écrit... il y a contrat entre nous... contrat synallagmatique... contrat bi-latéral, dont vous avez accepté les clauses avec joie...

MARTIN, anéanti.

Ah! c'est trop fort! je l'avais dit... j'y succomberai...

(Il s'assied.)

DEROY.

Bravo, Arthur! le tour est bon : moi qui m'en pique, je n'aurais pas mieux fait... Vois donc le vieux troubadour! il a l'air d'une Madeleine repentante...

ARTHUR, montrant une bourse.

Voilà de quoi lui rendre sa gaîté... je suis en fonds... c'est moi qui paye...

DEROY.

Tu possèdes à jamais mon estime!...

ARTHUR.

Eh bien! père Martin...

MARTIN, voyant la bourse, se lève vivement.

Vous dites, mon gentilhomme...

ARTHUR.

Je dis que nous avons voulu vous donner une petite leçon... puisse-t-elle vous profiter!... Voilà vos cent cinquante deux livres...

MARTIN.

Et dix sols, mon cher monsieur : c'est mon bénéfice.

ARTHUR.

Soit... Eh bien! ils vont servir de dot à Brigitte.

MARTIN.

Comment?

ARTHUR.

Vous lui devez bien ça pour ses bons et loyaux services.

MARTIN *.

Ah! grand canard, tu es plumé!

ARTHUR.

Brigitte, je t'ai promis une récompense.

MARTIN.

Et pourquoi donc?

ARTHUR.

Pour avoir protégé ma fuite cette nuit...

MARTIN.

Ah! double friponne!...

BRIGITTE, faisant la révérence.

Mon Dieu, oui, not' maître.

ARTHUR.

Tiens, voilà ta dot; de plus, une place de cantinière est à ta disposition... et Benoit, si tu veux de lui pour mari, peut entrer dès demain dans ma compagnie...

BRIGITTE.

J'accepte, monsieur Arthur...

* Brigitte, Martin, Arthur, Deroy, etc.

* Martin, Brigitte, Arthur, etc.

ARTHUR.

La place ?...

BRIGITTE.

Et le mari... Eh ! bien où est-il donc ?...

BENOÎT, rentrant*.

Présent... *sacrébleu!...* Ah! dragon... ah ! collègue... croyez que ma femme et moi... que moi et ma femme... que l'un et l'autre enfin... nous serons tout à vous.

ARTHUR.

J'y compte bien.

BENOÎT.

Vivent les dragons !... J'en suis!

ARTHUR.

Eh! bien, mes amis, qu'en dites-vous?... la bourse est vide, c'est vrai... mais un bon dîner payé, quelques heures joyeusement passées, deux heureux de faits, (bas.) une jolie cantinière de plus au régiment... on a bien raison de dire : Qui paie ses dettes s'enrichit.

* Martin, Brigitte, Benoît, etc.

CHOEUR FINAL.

Chantons tous en ce jour
Le plaisir et la bombance et l'amour !
Chantons tous en ce jour
La bombance et l'amour !
Du dragon,
Franc luron,
Répétons en chœur ici la chanson !
Redisons en ces lieux
Ce refrain si joyeux :

ARTHUR, au public.

D'un romancier que l'on regrette
L'auteur s'est rendu l'interprète,
Et son espoir
Est en vous, loges et parterre ;
Car, certe, il a mis à vous plaire
Tout son savoir.
Si d'un bravo vous le supposez digne
Payez comptant, car c'est là la consigne.
(Parlé.) Mais...
S'il doit périr sous un sifflet méchant,
Laissez-lui le temps suffisant
Pour faire un testament.

REPRISE DU CHOEUR.

FIN D'UN TESTAMENT DE DRAGON.

PARIS. — IMPRIMERIE NORMALE DE JULES DIDOT L'AINÉ,
boulevart d'Enfer, 4.

TABLE

DES PIÈCES CONTENUES DANS CE VOLUME.

GAIETÉ.

AMBIGU.

PARIS. — Imprimerie et Fonderie de JULES DIDOT L'AÎNÉ, boulevart d'Enfer, 4.

www.ingramcontent.com/pod-product-compliance
Lightning Source LLC
LaVergne TN
LVHW012016170826
845678LV00004BA/1513

9782329635200